ISBN 2.227.61074.3
© Éditions du Centurion, 1993
22, cours Albert 1er, 75008 Paris.
Centurion est une marque du Département Livres de Bayard Presse

JÉSUS
SON PAYS, SES AMIS

Texte de Benoit Marchon
avec la collaboration de François Mourvillier

Illustrations de Claude et Denise Millet

Centurion - Astrapi

Jésus, un homme
parmi les hommes

Pour des millions de chrétiens à travers le monde entier, Jésus est le Messie, le Fils de Dieu. C'est lui qui leur a fait découvrir Dieu comme un Père, un Dieu vivant, aimant et proche, un Dieu de tendresse. C'est lui qui a eu les paroles les plus belles et les gestes les plus extraordinaires pour vivre cet amour que Dieu donne aux hommes.

Celui que les chrétiens appellent le Fils de Dieu a vraiment été un homme parmi les hommes. Il est né dans un pays (la Palestine), il a grandi dans une religion (la religion juive), il a vécu la vie quotidienne des gens de son pays.

Il est important de connaître tout cela pour mieux comprendre la personne et le message de Jésus.

C'est ce que ce livre propose. Il sera utile à tous ceux qui s'intéressent à Jésus, qu'ils soient chrétiens ou non.

La Palestine*
au temps de Jésus

C'était un tout petit pays situé entre la mer
Méditerranée et le fleuve Jourdain : il faisait
environ 250 kilomètres du nord au sud, et 100
kilomètres de l'est à l'ouest. Il comprenait trois
régions principales : la Galilée, la Samarie et la
Judée. La Palestine comptait environ un mil-
lion d'habitants, dont la plupart étaient de
religion juive**.

Au temps de Jésus, le pays était occupé par les
Romains. Un **gouverneur** nommé par l'empe-
reur de Rome maintenait l'ordre et prélevait
des impôts, avec l'aide d'une armée. Il laissait
les juifs pratiquer leur religion. Mais les juifs
détestaient les Romains. Des manifestations et
des révoltes éclataient souvent.

* On a l'habitude d'appeler ainsi le pays où Jésus a vécu, mais ce nom
n'existait pas de son temps. Sur une carte, il correspond aujourd'hui en
grande partie à l'État d'Israël

** Trois millions de juifs vivaient dispersés dans d'autres pays.

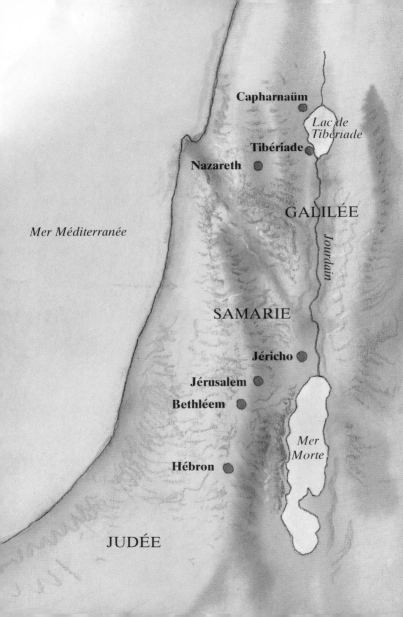

La vie quotidienne
au temps de Jésus

David a huit ans. Il habite
dans le village de Capharnaüm.
Jésus, enfant, a vécu
de la même façon.

La maison de David

Elle n'a qu'une seule pièce, qui sert de cuisine,
de salle à manger et de chambre. Les murs sont
en pierre.

Les fenêtres sont petites pour préserver les
habitants de la chaleur. Le toit plat sert de ter-
rasse. Le soir, on allume une lampe à huile
pour éclairer la pièce.

Comme il ne pleut pas beaucoup en Palestine
et que les sources sont rares, on recueille l'eau
de pluie dans une grande **citerne**, et on va cher-
cher l'eau potable au **puits** du village.

La famille de David

Elle comprend ses parents, ses frères et sœurs, ses cousins. La famille est appelée la "maison du père".

En général, les hommes de la famille s'appellent "**frères**", même s'ils sont cousins. Les femmes s'occupent des enfants, du ménage et de la cuisine.

Les repas

A midi, David mange peu, à l'ombre d'un arbre. Le soir, il prend un vrai repas en famille. Tout le monde est assis par terre et mange avec les doigts. On se nourrit de **galettes** accompagnées de légumes coupés en petits morceaux. La viande coûte cher : elle est réservée aux jours de fête.

Les enfants

David a huit frères et sœurs. Il y a beaucoup de familles nombreuses en Palestine, car les enfants sont accueillis comme des cadeaux de Dieu. Depuis l'âge de cinq ans, David va à l'école à la **synagogue*** : il apprend la lecture, l'écriture, la grammaire et la religion dans les **livres saints**.

Les garçons vont à l'école jusqu'à l'âge de douze ans. Les filles n'y vont pas : elles doivent aider leur mère à la maison jusqu'à leur mariage.

* Regarde page 22.

Le mariage de Judith

Judith, la sœur aînée de David, vient de se marier à l'âge de quatorze ans. Ses parents avaient choisi son fiancé parmi les garçons du village. Judith et lui se sont vus régulièrement pendant un an et ont appris à se connaître. Pour leur mariage, on a fait une grande fête qui a duré sept jours.

David, comme les autres garçons, se mariera vers l'âge de seize ans.

La mort du grand-père

Quand le grand-père de David est mort, on a lavé son corps, on l'a parfumé, on l'a enveloppé dans un grand drap blanc, un **linceul**. Puis les hommes de la famille l'ont porté sur une civière. Devant eux, des femmes marchaient en pleurant et en se lamentant. Des flûtistes jouaient des airs tristes.

On a déposé son corps dans un **sépulcre** : c'est une tombe creusée dans un rocher, que l'on a fermée en roulant une énorme pierre ronde.

Les artisans

Le père de David est **forgeron** : il fabrique des outils et des armes en métal. David aide souvent son père, il apprend petit à petit le métier pour devenir lui-même forgeron quand il sera grand. David aime aussi regarder travailler les autres artisans du village : le **potier** qui fait des ustensiles de vaisselle, des jarres et des lampes à huile, le **tailleur de pierre** qui taille des cuves de pressoir et des meules à grains, le **menuisier-charpentier** qui fait des charpentes de maisons, des meubles, des charrues et des roues.

Les commerçants

David accompagne fréquemment ses parents à Jérusalem, la capitale de la Palestine. C'est le plus important centre de commerce, à cause du nombre de ses habitants et des foules de pèlerins, qui viennent parfois de très loin pour prier au Temple*.

Chez les commerçants, on trouve des marchandises qui viennent de pays lointains. On paie les achats avec différentes monnaies : pièces romaines (**deniers**), grecques (**drachmes, talents**) ou juives (**sicles**).

* Regarde page 24.

Les transports

David et ses parents vont à Jérusalem à pied. Les gens marchent beaucoup : ils peuvent parcourir jusqu'à trente kilomètres par jour. Les plus riches ont un âne, un cheval ou un chameau. Le transport des marchandises se fait par bateaux et par caravanes d'ânes ou de chameaux.

Les pêcheurs

Comme beaucoup d'habitants de Capharnaüm, les voisins de David vivent de la pêche au filet sur le lac de **Tibériade**. C'est un métier dur : les hommes travaillent souvent sur leurs barques la nuit et vendent leurs poissons dans la journée. Ils doivent se méfier des tempêtes soudaines sur le lac.

Les cultures et l'élevage

Dans la campagne autour de Capharnaüm, on cultive le **blé**, l'**orge**, la **vigne**, les **oliviers**, les **arbres fruitiers** (dattiers, amandiers, figuiers) et le **lin**. Au début de l'été, le blé et l'orge sont moissonnés à la faucille. Les olives et les raisins sont cueillis en septembre.

Ephraïm, un cousin de David, est **berger** : il garde un troupeau de **moutons** sur les collines. Plus loin, dans les montagnes et les régions désertiques, on élève des **chèvres**.

Les pauvres

En traversant la campagne, David voit beaucoup de paysans pauvres travailler durement pour de riches propriétaires, qui les paient mal. A Jérusalem, beaucoup de gens sont sans travail : on les emploie à reconstruire le Temple et à paver les rues. Et puis, il y a des malades et des infirmes qui mendient dans les rues.

La religion juive

David est un enfant du peuple
d'**Israël** : on dit aussi un juif.

Un seul Dieu

David croit en **un seul Dieu**, invisible et créa-
teur du monde. Dieu s'est révélé à **Abraham**,
Isaac et **Jacob**, les ancêtres du peuple juif. Il
leur a promis son amitié pour toujours : il a fait
une **Alliance** avec eux.

Comme tous les juifs, David attend un **Messie**,
un envoyé de Dieu. Il apprend à obéir à la loi
de Dieu (ou **Torah**), conservée dans les livres
saints. Ceux-ci se présentent sous la forme de
longs rouleaux.

La prière

David apprend à prier avec son père. Trois fois par jour (le matin, à midi et le soir), il met sur sa tête et ses épaules un grand châle blanc à franges, le **talith**, et il se tourne vers **Jérusalem**, la Ville sainte.

La prière la plus importante s'appelle le **Shema**. David la répète souvent dans la journée. "Shema" veut dire "écoute" : c'est le premier mot de la prière.

Le shabbat

Le **shabbat** (ou sabbat) est le septième jour de la semaine, entièrement consacré à Dieu. Du vendredi soir au samedi soir, personne ne travaille. Le samedi matin, toute la famille se rend à la **synagogue** pour dire des prières, chanter et écouter la lecture de la Torah.

Les grandes fêtes

David aime les grandes fêtes religieuses. Elles célèbrent des événements de l'histoire du peuple juif au cours desquels Dieu l'a protégé ou sauvé.

L'une des plus importantes est **Pessah** (ou **Pâque**) : elle rappelle la libération, sous la conduite de **Moïse**, du peuple juif qui était esclave en Egypte. La fête dure sept jours et commence par un grand repas de famille où l'on partage du pain et du vin en remerciant Dieu.

Le temple de Jérusalem

Au moment des grandes fêtes, la famille de David se rend au **Temple** de Jérusalem. Pour les juifs, c'est la maison de Dieu parmi les hommes. Les pèlerins prient et offrent des **sacrifices d'animaux** (colombes, moutons, veaux). Des centaines de **prêtres** travaillent au service du Temple.

La purification

La Torah contient beaucoup de règles de purifi-
cation. David doit se laver les mains et les pieds
avant chaque repas. Le vendredi, il doit se laver
tout le corps avant le shabbat.

Les animaux qu'il mange doivent être "purs"
(ou **kascher**), c'est-à-dire égorgés et vidés de
leur sang. Les porcs et les lièvres sont interdits,
car ils sont considérés comme "impurs".

La vie de Jésus

On est sûr que Jésus a existé :
des historiens juifs et romains
de l'époque ont parlé de lui.

Les évangiles

On ne connaît pas toute la vie de Jésus :
elle est en partie racontée dans les quatre livres
des **évangiles**. On dit qu'ils ont été écrits
par saint Matthieu, saint Marc, saint Luc et
saint Jean. En voici les grands moments.

Jésus naît à Bethléem

Jésus est né il y a bientôt 2 000 ans[*] à **Bethléem**, dans la province de **Judée**. **Marie** et **Joseph**, ses parents, y sont en voyage. En effet, Joseph doit se faire inscrire dans son village natal, par ordre des **Romains** qui veulent compter les habitants de la Palestine. D'après les évangiles, des événements étonnants entourent la naissance de Jésus.

[*] Autrefois, des historiens ont compté les années à partir de celle de la naissance de Jésus. Mais ils se sont trompés de quelques années. En fait, Jésus est né six ans avant l'an un !

Jésus grandit à Nazareth

Jésus grandit à **Nazareth**, dans la province de **Galilée**. Comme tous les jeunes garçons, il va à l'école de la synagogue où il apprend l'histoire et la religion de son peuple, le peuple juif. Joseph lui transmet les secrets de son métier de **charpentier**.

Jésus se fait baptiser

Vers l'âge de trente ans, Jésus quitte sa famille et son village. Il va retrouver son cousin **Jean Baptiste** : celui-ci vit alors dans le désert de **Jéricho**, près du fleuve **Jourdain**.

Jean Baptiste parle de Dieu avec passion aux foules qui l'écoutent. Il est considéré comme un **prophète**. Il annonce que le Messie attendu par les juifs depuis des siècles va bientôt venir. Il **baptise** dans l'eau du Jourdain ceux qui demandent pardon à Dieu.

Quand Jésus vient se faire baptiser, Jean Baptiste le désigne comme le Messie.

Au bord du Jourdain, Jésus fait la connaissance de deux frères, **André** et **Simon**. Ce sont des pêcheurs qui vivent dans le village de **Capharnaüm**, au bord du lac de **Tibériade**. Simon et André seront les premiers à suivre Jésus.

Jésus va au désert

Puis Jésus part seul dans une région désertique. Pendant quarante jours, il mange peu, prie beaucoup et choisit sa mission : faire connaître Dieu aux hommes.

Jésus se fait connaître

Jésus s'installe à Capharnaüm, en Galilée, chez ses amis Simon et André. Il parcourt les villages de la région, parle aux foules et rencontre beaucoup de gens très différents. Il fréquente ceux que les autres écartent ou rejettent : les pauvres, les mal-aimés, les étrangers. Il guérit aussi des malades et accomplit des **miracles**. De plus en plus d'hommes et de femmes l'écoutent et l'admirent.

Jésus choisit douze apôtres

Beaucoup d'hommes et de femmes commencent à suivre Jésus partout où il va et essaient de mettre ses paroles en pratique : on les appelle ses **disciples**.

Parmi eux, Jésus en choisit douze qui quittent leur famille et leur métier pour lui. Ils deviendront ses **apôtres**, c'est-à-dire ses envoyés : **André** et son frère **Simon, Jacques** et son frère **Jean, Philippe, Barthélémy, Thomas, Matthieu,** l'autre **Jacques, Thaddée, Simon le Zélote** et **Judas**.

Jésus désigne Simon, le frère d'André, comme le chef des douze apôtres en lui disant : "Maintenant, tu t'appelleras **Pierre**, et sur cette pierre je bâtirai mon **Église**." Plusieurs fois, Jésus et ses apôtres se rendent à Jérusalem, la capitale, pour participer aux grandes fêtes religieuses.

Jésus annonce une bonne nouvelle

Jésus annonce à tous une bonne nouvelle : le **Royaume de Dieu** est proche. Il affirme qu'il ne veut pas bouleverser la religion juive, mais au contraire l'accomplir. Le plus important pour lui n'est pas de suivre des règles très compliquées, ni d'offrir des sacrifices d'animaux. C'est d'aimer Dieu et son prochain, c'est-à-dire de vivre en frères, de refuser la violence et la haine, de pardonner, d'accueillir les plus pauvres, de ne jamais juger ni condamner.

Jésus prie souvent. Il parle de Dieu comme d'un Père qui veut le bonheur des hommes. Ses disciples sentent qu'il a une relation très forte, vraiment unique, avec Dieu.

Pour mieux faire comprendre son message, Jésus raconte souvent des **paraboles** : ce sont des histoires qui permettent d'approcher le mystère de la vie de Dieu.

Jésus se fait des ennemis

Jésus devient très connu, mais peu de gens le comprennent vraiment.

Certains croient qu'il veut changer complètement la religion juive. D'autres espèrent qu'il va chasser les Romains du pays et devenir le **roi des juifs**.

Jésus se retire quelque temps avec ses apôtres pour prier, réfléchir et pour les préparer à leur mission. Puis il veut essayer encore une fois de faire comprendre son message. Jésus sait que certains chefs religieux le détestent et veulent le faire disparaître, parce qu'ils ont peur de perdre leurs pouvoirs. Il décide tout de même d'aller à Jérusalem pour la fête juive de la **Pâque**.

Jésus fait un repas d'adieu

Au cours d'un dernier repas avec ses apôtres, Jésus partage avec eux le pain et le vin de la Pâque. Il leur dit : "C'est mon corps, c'est mon sang, c'est ma vie que je vous donne. Faites ceci en mémoire de moi."

Puis il leur parle longuement de l'amour de Dieu et de l'amour que les hommes doivent se donner. On appelle ce dernier repas la **Cène**.

Jésus est arrêté

Jésus et ses apôtres vont passer la nuit dans le **Jardin des Oliviers**. Jésus est arrêté avant l'aube. Il a été trahi par l'apôtre Judas, qui était peut-être déçu : il espérait que Jésus organiserait une révolte contre les Romains.

Jésus est condamné à mort

Au matin, Jésus est condamné à mort par le **Sanhédrin**, le Conseil des prêtres.

Celui-ci est dirigé par **Caïphe**, le grand prêtre du Temple, qui accuse Jésus de se faire appeler "Fils de Dieu".

Puis Jésus est conduit devant le gouverneur romain **Ponce Pilate**, qui ne trouve aucune raison de le condamner à mort. Pourtant, Pilate ordonne sa **crucifixion**, car il a peur que les chefs religieux provoquent une émeute.

Jésus meurt crucifié

Jésus est fouetté, coiffé d'une couronne d'épines. Puis il est emmené en dehors des remparts de Jérusalem et cloué sur une croix, en même temps que deux brigands. Il meurt après d'atroces souffrances. Cela se passe sans doute le vendredi 7 avril de l'année 30.

Des amis déposent le corps de Jésus dans un tombeau creusé à l'intérieur d'un rocher.

Jésus se montre vivant

Le troisième jour après sa mort, des femmes disciples de Jésus trouvent le tombeau ouvert et vide.

Et, plusieurs fois, Jésus se montre vivant à ses disciples.

Ceux-ci croient alors ce que Jésus leur avait annoncé avant sa mort : Dieu l'a **ressuscité**. Il n'y a plus de doute pour eux : Jésus est bien le Messie (ou **Christ**), le Fils de Dieu, le **Seigneur**.

Jésus rejoint son Père

Une dernière fois, Jésus apparaît à ses disciples. Il leur promet qu'il restera pour toujours avec eux d'une façon mystérieuse et invisible, en leur envoyant son **Esprit**. Puis il disparaît à leurs yeux pour rejoindre Dieu, son Père.

Table des matières

Dans la même collection
Les grandes religions du monde

Des mêmes auteurs
La Bible
Les grands récits
de l'Ancien et du Nouveau Testament

Mise en page : Marie-Thérèse Poux

Photocomposition : Équipage
Impression et reliure : Pollina s.a., 85400 Luçon - n° 16128
Loi 49956 du 16 juillet 1949 sur les publications
destinées à la jeunesse.
Dépôt légal : avril 1993